55 Gute-Laune-Spiele für den Krippen-Morgenkreis

BILDNACHWEIS

Freepik.de
S. 8/53/64/65/67/70/80: Rawpixel.com
S. 46: Saravami

Fotolia.de
S. 19/50/51: Tapilipa

Umschlag:
Freepik.de/brgfx, lesyaskripak

IMPRESSUM

ISBN: 978-3-96046-075-6

55 Gute-Laune-Spiele für den Krippen-Morgenkreis

Klett Kita GmbH
Rotebühlstr. 77
70178 Stuttgart
Internet: www.klett-kita.de

Redaktion	Myriam Bork
Redaktionelle Mitarbeit	Nicole Woratz
Autoren	Britta Bartoldus, Marion Bischoff, Kati Breuer, Heike König, Michaela Lambrecht, Margot Lindner, Leah Schäfer, Tina Scherer
Gestaltung und Satz	DOPPELPUNKT, Stuttgart
Druck	Grafik Media Produktionsmanagement, Köln

Kontakt
Telefon: 07 11 / 66 72 58 00
Telefax: 07 11 / 66 72 58 22
kundenservice@klett-kita.de

Gedruckt auf chlorfrei gebleichtem Papier.

Bibliografische Information der Deutschen Nationalbibliothek. Die Deutsche Nationalbibliothek verzeichnet diese Publikation in der Deutschen Nationalbibliografie. Detaillierte bibliografische Daten sind im Internet über http://dnb.d-nb.de abrufbar.

3. Auflage

Inhalt

55 Gute-Laune-Spiele

Seite

VORWORT 5

KAPITEL 1: FINGERSPIELE & MITMACHGEDICHTE 7

1 Fingerspiel: Piep, piep, Vogelkind 8
2 Füßchenspiel: Guten Morgen, ihr Füße! 9
3 Fingerspiel: Die Schnecke in der Hecke 10
4 Bewegungsgedicht: Gänseblümchen, wach auf! 11
5 Mitmachgeschichte: Ich mach mir mein Frühstück! 12
6 Mitmachgeschichte: Krach, bumm, kawumm! Das Sommergewitter 13
7 Zehenspiel: Das Schattenspiel 14
8 Tischfingerspiel: Fünf Hasen mit langen Ohren 15
9 Fingerspiel: Huhu, das Eulchen ist groß 16
10 Mitmachgeschichte: Der Laternenumzug 17
11 Pustefingerspiel: Rabengeflüster 18
12 Mitmachgeschichte: Oscar wird wach 19
13 Bewegungsgedicht: In der Pfütze 20
14 Fingerspiel: Der Herbst 21
15 Mitmachgedicht: Wenn der Schnee fällt 22
16 Mitmachgeschichte: Lillys Morgen 24
17 Fingerspiel: Der Schneemann und die Schneefrau 25
18 Bewegungsgeschichte: Juhu, es ist Karneval! 26

KAPITEL 2: LIEDER, KLANGGESCHICHTEN & TANZSPIELE 27

19 Chiffontuchtanz & Kniereiter: Wenn die Blumen wachsen 29
20 Klanggedicht: Grashüpfer im Glück 30
21 Klanggedicht: Eine kleine Schildkröte 31
22 Drei kleine Käferlieder: Die Käfer-Hitparade 32
23 Klanggedicht: Wo sind die Sterne? 34
24 Klanggeschichte: Das Ahornblatt im Herbst 35
25 Klanggedicht: Wir schütteln, schütteln, schütteln 36

Seite

26 Mitmach- und Mitsummgedicht: Gute Nacht, ihr Libellen! ... 37
27 Spiellied: Wenn der Wind weht ... 38
28 Lied: Der Kuscheltiersong ... 40
29 Chiffontuchtanz: Die Maus im Blättertreiben ... 41
30 Klanggeschichte & Spiel: Was blüht denn da im Wintergarten? ... 42
31 Klanggedicht: Betrieb am Vogelhäuschen ... 44
32 Lied: Ja, heut ist dein Geburtstag! ... 45
33 Tanzgeschichte: Die müde Schneefee ... 46
34 Tanzspiel: Ein bunter Cli-Cla-Clown ... 48

KAPITEL 3: KREIS- & BEWEGUNGSSPIELE ... 49
35 Klatschspiel: Ich will euch begrüßen ... 50
36 Aufpassspiel: Husch, husch, husch ... 51
37 Spiellied: Guten Morgen, guten Morgen ... 52
38 Piepsspiel: Kleines Küken, pieps einmal ... 53
39 Geschicklichkeitsspiel: Fang die Farbe! ... 54
40 Bewegungsspiel: Hüpf, kleiner Osterhase, hüpf! ... 55
41 Kreisspiel für draußen: Schattenkatzen ... 56
42 Winterlied: Guten Morgen, liebe Kinder!. ... 57
43 Pustespiele: Was der Herbstwind so alles pustet ... 58
44 Tanzspiel: Es geht ein kleiner Nikolaus ... 60
45 Kennenlernspiel: Auge, Auge, Nase, Mund ... 61
46 Krabbelspiel: Schnell, schnell ins Häuschen ... 62

KAPITEL 4: GESCHICHTEN ... 63
47 Vorlesegeschichte: Das Küken hat Hunger ... 64
48 Vorlesegeschichte: Mama Zebra ist verschwunden ... 66
49 Zwei Mini-Geschichten: Ich kann wie Martin sein ... 68
50 Vorlesegeschichte: Als die Vögel hungrig waren ... 70
51 Zwei Mini-Geschichten: Eichhörnchen und Igel im Herbst ... 72
52 Vorlesegeschichte: Die Waldmaus und Apfelbaum ... 74
53 Vorlese- und Massagegeschichte: Der kleine Igel Stachelpelz ... 76
54 Geschichte zum Weitererzählen: Taps, der Bär ... 78
55 Erzählen mit dem Geschichtensäckchen: Eisbärgeschichten ... 80

Liebe Leserinnen und Leser,

der Krippenalltag stellt die Kinder täglich vor allerlei kleinere und größere Herausforderungen. Es gibt so viel zu entdecken, erforschen und auszuprobieren. Jeder Tag ist so vielfältig und abwechslungsreich wie die Kinder selbst.

Was die Kinder brauchen, um neugierig und selbstbewusst jedes Abenteuer anzugehen, ist Vertrauen in den Tag: Ein fester Ablauf und immer wiederkehrende Rituale geben Orientierung und Halt. Je jünger die Kinder sind, desto wichtiger sind Strukturen, damit sie sich gut zurechtfinden. Es zeigt ihnen, dass sie ein Stückchen von der Welt verstanden haben.

Ein fester Anker im Alltag ist der Morgenkreis. Jeder ist eingeladen, am Kreis teilzunehmen und wird persönlich begrüßt. Die Kinder spüren: Ich bin wichtig, hier gehöre ich her!

Außerdem nehmen sich die Kinder als Teil der Gruppe und damit als Teil des Rituals wahr: Ohne uns geht es nicht!

Den Morgenkreis gestalten Sie immer gemeinsam: Was interessiert die Kinder gerade? Wer hat etwas Spannendes am Wochenende erlebt? Hat ein Kind Geburtstag und möchte sich sein Lieblingslied wünschen?

Dieses Buch will Ihnen eine Unterstützung dabei sein: Einprägsame Fingerspiele, Ideen zum Mitmachen und Wachwerden, Lieder und erste Klangideen, behutsame Kreisspiele und kurze Geschichten für Ihren Krippen-Morgenkreis.

Ich wünsche Ihnen viele schöne Morgenkreis-Momente!

Herzlichst, Ihre

Myriam Bork

Redaktion *55 Gute-Laune-Spiele*

Kapitel 1

Fingerspiele & Mitmachgedichte

Piep, piep, Vogelkind

Fingerspiel

Alter: ab 1 Jahr

Dauer: 5 Minuten

Piep, piep, Vogelkind,
ein Küken kommt herbei geschwind.

Mit zwei Fingern einer Hand als Küken angelaufen kommen (auf dem eigenen Oberschenkel oder auf dem Bauch oder dem Arm des Kindes).

Pickt ein Körnchen, pickt ein Körnchen,

Mit einem Finger „picken" oder kitzeln.

dann läuft's zurück, den ganzen Weg.

Mit den beiden Fingern wieder weglaufen.

Idee: Michaela Lambrecht

Guten Morgen, ihr Füße!

Füßchenspiel

Alter: ab 1,5 Jahren
Dauer: 10 Minuten

Guten Morgen, ihr Füße, wie heißt ihr denn?
Über beide Beine und Füße streicheln zum Begrüßen.

Ich heiße Hampel.
Mit der Hand gegen den rechten Fuß drücken.

Und ich heiße Strampel.
Mit der Hand gegen den linken Fuß drücken.

Ich bin das Füßchen Übermut.
Gegen den rechten Fuß drücken.

Und ich bin das Füßchen Tunichtgut.
Gegen den linken Fuß drücken.

Übermut und Tunichtgut
Beide Füße im Wechsel anheben.

gehen auf die Reise.
Die Füße beugen und strecken sich.

„Patsch!", durch alle Sümpfe,
nass sind Schuh und Strümpfe.
Bei „Patsch!" Füße auf den Boden stupsen.

Schaut die Mutter um die Eck,
laufen alle beide weg.
Mit den Füßen auf der Stelle laufen.

Idee: Britta Bartoldus

Die Schnecke in der Hecke

Fingerspiel

Alter: ab 1 Jahr

Dauer: 5 Minuten

Eine kleine Schnecke
sitzt unter einer Hecke.

Den Zeige- und den Mittelfinger der linken Hand ausstrecken,
die rechte Handfläche darüberhalten.

Hat ein rundes Schneckenhaus,
streckt die Fühler lange aus.

Mit der rechten Hand auf dem linken Handrücken
ein Schneckenhaus andeuten.

Kriegt sie plötzlich einen Schreck,
sind die Fühler ganz schnell weg.

Den Zeige- und den Mittelfinger ganz schnell einziehen.

Idee: Leah Schäfer

Gänseblümchen, wach auf!

Bewegungsgedicht

Alter: ab 1,5 Jahren

Dauer: 5 Minuten

Gänseblümchen, schnell, wach auf,
schau, die Sonne geht schon auf!

Im Sitzen die Augen reiben, gähnen, aufstehen und sich recken.

Öffne deine Blüte klein,
fang ihn ein, den Sonnenschein.

Die Arme in die Höhe strecken und ausbreiten.

Doch wenn's regnet, ganz im Nu,
mach die Blüte wieder ... zu!

Die Arme wieder einziehen, ganz klein machen, den Kopf einziehen, falls möglich: in die Hocke gehen.

Idee: Tina Scherer

Ich mach mir mein Frühstück!

Mitmachgeschichte

Alter: ab 2 Jahren

Dauer: 10 Minuten

Material: ggf. Frühstücksutensilien

Wer brummt denn da? Ist das ein Bär?
Nein, das ist kein Bär. Das ist mein Bauch.
Zeit für das Frühstück!
Über den Bauch streicheln.

Ich nehme mir eine Schneideunterlage aus der Schublade und lege sie auf den Tisch.
Schublade aufziehen, Schneideunterlage rausnehmen und auf den Tisch legen.

Dann brauche ich noch ein großes Messer und ein kleines. Die lege ich dann beide auf die Schneideunterlage.
Die beiden Messer aus einer Schublade nehmen.

Ein Teller und eine Tasse dürfen aber auch nicht fehlen. Die finde ich hier im Küchenschrank. Hui, sind die hoch oben. Da muss ich mich aber weit strecken.
Auf die Zehenspitzen gehen und einen Teller und eine Tasse aus dem Schrank nehmen.

Jetzt brauche ich noch das Brot. Das ist in der Brotdose. Ist das schwer. Was das wohl wiegt?
Deckel aufklappen und einen schweren Laib Brot herausnehmen.

Aber was mag ich auf mein Brot draufschmieren? Ich schaue mal im Kühlschrank nach. Lecker! Erdbeermarmelade. Die mag ich am liebsten! Und die Butter nehme ich auch noch mit.
Kühlschranktür aufmachen und Marmelade und Butter aus dem Kühlschrank nehmen.

Ach, fast hätte ich die Milch vergessen!
Milch aus dem Kühlschrank nehmen.
Die Kühlschranktür wieder schließen.

Jetzt nehme ich das Brot und schneide mir mit dem großen Messer ganz vorsichtig eine Scheibe ab.
Eine Scheibe Brot abschneiden.

Zuerst bestreiche ich sie mit Butter.
Und danach ganz dick mit Marmelade. Mmh!
Eine Scheibe Brot mit Butter und Marmelade bestreichen.

Jetzt noch schnell die Milch eingießen.
Milch in die Tasse gießen.

Und dann hinsetzen und frühstücken.
Guten Appetit!

Idee: Leah Schäfer

UND SO GEHT'S:
Die Mitmachgeschichte können Sie pantomimisch mit den Kindern im Morgenkreis durchführen oder direkt danach mit echten Frühstücksutensilien vor dem gemeinsamen Frühstück. So verinnerlichen die Kinder spielerisch diese Alltagshandlungen.

Krach, bumm, kawumm! Das Sommergewitter

Alter: ab 1 Jahr

Dauer: 10 Minuten

Mitmachgeschichte

Im Sommer scheint die Sonne und die Erde wird heiß.
Beide Hände in die Höhe halten und die Finger spreizen.

Die Kinder schwitzen.
Mit dem Handrücken über die Stirn streichen.

Manchmal ziehen dicke Wolken heran.
Mit beiden Händen Wolken in die Luft malen.

Der Himmel wird dunkel.
Eine Hand vor die Augen legen.

Auf einmal tröpfeln kleine Regentropfen vom Himmel.
Mit den Fingerspitzen auf den Boden tippen.

Die kleinen Regentropfen werden dicker und es klatscht bei jedem Tropfen, der den Boden berührt.
Mit den flachen Händen langsam auf den Boden klopfen.

Schon rollt der erste Donner heran.
Hände zu Fäusten ballen und auf den Boden trommeln.

Ein Blitz zischt heran.
Zischlaute mit der Zunge erzeugen und mit einem Finger Zacken in die Luft malen.

Die Kinder stehen am Fenster und beobachten das wilde Sommergewitter.
Finger zur Brille formen, an die Augen legen.

Sie sehen die dicken Regentropfen, die zu Boden jagen …
Mit den flachen Händen schnell auf den Boden klopfen.

… und hören das Donnergrollen.
Hände zu Fäusten ballen und auf den Boden trommeln.

Schon entdecken sie den nächsten Blitz!
Zischlaute mit der Zunge erzeugen und mit einem Finger Zacken in die Luft malen.

Auf einmal werden die Regentropfen kleiner.
Mit den Fingerspitzen auf den Boden tippen.

Die dicken Wolken verschwinden und der Himmel wird wieder blau. Da blinzelt auch schon die Sonne hervor.
Beide Hände in die Höhe halten und die Finger spreizen.

Das war ein spannendes Sommergewitter.

Idee: Marion Bischoff

Das Schattenspiel

Zehenspiel

Alter: ab 1 Jahr
Dauer: 5 Minuten

Im Schatten, da schlafen fünf Zwerge in Ruh,
schnarchen und brummen, die Äuglein sind zu.
Mit den Zehen an einem Fuß wackeln.

Da kommt ein Käferchen, krabbelt dazu,
kitzelt die Zwerge, vorbei ist die Ruh.
Mit der Hand als Käferchen an den Zehen kitzeln.

Die Zwerge, sie lachen und kratzen sich sehr,
der Käfer ist weg, man sieht ihn nicht mehr.
Mit beiden Füßen strampeln.

Idee: Tina Scherer

Fünf Hasen mit langen Ohren

Tischfingerspiel

Alter: ab 1 Jahr
Dauer: 5 Minuten
Material: etwas Ostergras oder Heu, 1 kleines Osterei (Schokolade oder Kunststoff)

Fünf Osterhasen mit langen Ohren
haben im Gras ein Ei verloren.

Die Hand an der Tischkante aufstellen, sodass die Handfläche verdeckt ist und nur die fünf Finger zu sehen sind.

Schau nur, wie sie wackeln, die Ohren der Hasen,
hör nur, sie schnüffeln mit ganz kleinen Nasen.

Die Finger bewegen, Schnüffelgeräusche machen.

Und dann, schwuppdiwupp, sind sie weg im Versteck,
vielleicht findest du es, das Ei in der Heck?

Das Kind darf das Ei suchen.

UND SO GEHT'S:
Das Gras oder Heu auf dem Tisch auslegen und darin ein Ei verstecken. Nehmen Sie das Kind zu sich auf den Schoß oder neben sich. Das Kind kann Ihnen aber auch am Tisch gegenübersitzen.

Idee: Tina Scherer

Huhu, das Eulchen ist groß

Fingerspiel

Alter: ab 2 Jahren
Dauer: 10 Minuten

Das ist Mama Eule, Hu.
Daumen strecken.

Papa Eule ruft: „Huhu!“
Zeigefinger strecken.

Die Eulenoma fliegt heran,
Mittelfinger strecken.

kitzelt den Eulensohn sodann.
Ringfinger strecken.

Das Eulenbaby schaut nur zu.
Kleinen Finger strecken.

Und plötzlich ruft es laut: „Huhu!“
Die Mama fliegt sofort heran
Flugbewegungen mit den Armen andeuten.

und schaut ihr Eulenkindchen an.
Finger zur Brille formen, an die Augen legen

Die großen Eulenaugen funkeln,
Mit den Fingern seitlich neben die Augen tippen.

sie sehen alles gut im Dunkeln.
Daumen nach oben.

Nun fliegen alle Eulen los,
Aufstehen, Flugbewegungen mit den Armen andeuten.

„Huhu, das Eulchen ist jetzt groß!“
Laut rufen.

Idee: Marion Bischoff

Der Laternenumzug

Mitmachgeschichte

Alter: ab 1,5 Jahren
Dauer: 10 Minuten
Material: Laternen

Heute ist der Laternenumzug. Die Kinder haben ihre Laternen in der Hand und laufen los.
Mit der Laterne in der Hand auf der Stelle oder im Raum laufen.

Hu, ist das kalt. Die Kinder zittern ein bisschen. Brrr!
„Hu!" oder „Brrr!" machen; Kinder, die dies schon können, können das Zittern nachstellen.

Bei so einer Kälte hilft nur eines: ein bisschen schneller gehen. Könnt ihr das?
Etwas schneller gehen.

Immer noch kalt? Da müssen wir ein bisschen mit den Füßen stampfen.
Beim Gehen mit den Füßen stampfen.

Oder wir laufen noch ein bisschen schneller.
Noch schneller laufen.

Stopp, jetzt hält der Laternenzug an. Jetzt sind wir schon wieder an der Kita angekommen. Das war ein schöner Laternenumzug.
Alle halten an und setzen sich hin.

Idee: Tina Scherer

Rabengeflüster

Pustefingerspiel

Alter: ab 1 Jahr
Dauer: 5 Minuten

Zwei Raben fliegen hoch in die Welt,
weil's ihnen am Himmel so gut gefällt.
Die Arme gestreckt hoch in die Luft halten.

Sie flattern im Wind und krächzen dazu,
das hören am Boden noch ich und du.
Mit den Armen Flatterbewegungen machen und dazu krächzen wie die Raben.

Dann landen sie wieder und plustern sich auf,
pumpen mit Luft ihr Federkleid auf.
Sich in die Hocke setzen und sich „aufplustern".

Und dann, errätst du's? Natürlich! Sie singen,
so scheußlich auch ihre Lieder klingen.
Raaab, raaab!
„Raaab, raaab!" krächzen.

Idee: Tina Scherer

Oscar wird wach

Mitmachgeschichte

Alter: ab 2 Jahren

Dauer: 10 Minuten

Es ist früh am Morgen. Oscar ist gerade aufgewacht. Er ist noch ein bisschen müde und gähnt zuerst ein paarmal.
Die Hand vor den Mund halten und mehrfach laut gähnen.

Danach muss er sich erst einmal strecken.
Die Arme ganz weit nach oben strecken.

Oscar steht auf. Aber so richtig wach ist er immer noch nicht. „Ich glaube, ich muss heute etwas Frühsport machen. Dann werde ich bestimmt wach."
Einen Schritt nach vorne oder zur Seite machen.

Oscar läuft auf der Stelle.
Die Arme anwinkeln und auf der Stelle joggen.

Dann hüpft er auf der Stelle. Zuerst ganz normal. Danach so schnell er kann. Und anschließend ganz langsam. Das ist lustig.
Mit geschlossenen Beinen auf der Stelle hüpfen. Die Geschwindigkeit variieren.

Oscar beschließt, wie ein Hase durch den Raum zu hoppeln.
Durch den Raum hoppeln.

Jetzt sind die Arme dran. Oscar streckt einen Arm zur Seite und kreist ihn. Zuerst nach hinten und dann nach vorn.
Einen Arm kreisen lassen.

Dann den anderen Arm. Zuerst nach hinten und dann nach vorn.
Den anderen Arm kreisen lassen.

So, fertig! Oscar ist jetzt richtig wach. Er freut sich schon darauf, gleich im Kindergarten mit seinen Freunden zu spielen. „Hurra!"
Auf und ab hüpfen, dabei die Arme in die Luft strecken.

Idee: Leah Schäfer

In der Pfütze

Bewegungsgedicht

Alter: ab 1,5 Jahren

Dauer: 10 Minuten

In der Pfütze, schau nur hin,
hocken kleine Tierchen drin.

Die Kinder gehen in die Hocke und machen sich ganz klein.

Sie schwimmen und paddeln im Wasser umher,
denn das gefällt den Tierchen sehr.

In der Hocke, im Sitzen oder auch im Stehen Schwimmbewegungen machen.

Sie springen und hüpfen und schütteln sich sehr,
denn das gefällt den Tierchen sehr.

Springen oder sich schütteln.

Sie drehen und winden sich hin und her,
denn das gefällt den Tierchen sehr.

Sich drehen.

Sie stampfen mit den Beinen auf den Boden ganz schwer,
denn das gefällt den Tierchen sehr.

Mit den Beinen stampfen.

Am Abend, da zappeln die Tierchen nicht mehr,
denn das gefällt den Tierchen sehr.

Ganz ruhig stehen oder sitzen bleiben.

In der Pfütze, schau nur hin,
schlummern kleine Tierchen drin.

*Wieder in die Hocke gehen und das Schlafen nachstellen,
dazu laut schnarchen.*

Idee: Tina Scherer

Der Herbst

Fingerspiel

Alter: ab 1 Jahr

Dauer: 5 Minuten

Der Daumen sagt: „Der Herbst ist da!“
Der Zeigefinger ruft: „Hurra!“

Dem Mittelfinger gefällt das nicht:
„Denn Herbst bringt auch viel Regen mit!“

Der Ringfinger, der schreit gleich rein:
„Der Herbst, ja, der beschenkt uns fein!“

Der Kleine freut sich sehr und lacht:
„Der Herbst hat uns Äpfel und Trauben gebracht!“

Die Hand zur Faust geschlossen und nacheinander jeden Finger hochstrecken und damit kurz wackeln.

Idee: Theresa Schuster

Wenn der Schnee fällt

Mitmachgedicht

Alter: ab 2 Jahren
Dauer: 10 Minuten

Wenn der Schnee vom Himmel fällt,
Beide Hände auf und ab bewegen, dabei die Finger „tanzen" lassen.

weiß und still wird unsre Welt.
Den Zeigefinger auf die Lippen legen.

Legt sich schlafen, geht zur Ruh.
Kopf auf die Hand betten.

Die weiße Watte deckt sie zu.
Sich pantomimisch zudecken.

Kinder laufen froh hinaus,
Mit den Fingern Laufbewegungen imitieren.

toben durch den Schnee ums Haus.
Über dem Kopf ein Dach formen.

Bauen einen Schneemann auf
Schneekugeln in die Luft malen.

und setzen ihm 'ne Mütze auf.
Sich pantomimisch eine Mütze aufsetzen.

Sie werfen Bälle durch die Luft,

Wurfbewegungen imitieren.

freuen sich am Winterduft.

Nase in die Luft strecken.

Bringen ihren Vögeln Futter.

Eine Hand wie ein Schälchen halten, mit dem Zeigefinger der anderen Hand hineintippen.

Drinnen wartet ihre Mutter.

Winken.

Mit einer heißen Tasse Tee

Trinken imitieren.

wärmen sie sich nach dem Schnee.

Mit beiden Händen über die Arme reiben.

Und ziehen warme Socken an.

Bewegung imitieren.

Die sind nichts für ihren Schneemann.

Mit dem Zeigefinger „verneinen".

Idee: Marion Bischoff

Lillys Morgen

Mitmachgeschichte

Alter: ab 2 Jahren

Dauer: 10 Minuten

Material: Decke, Matte und Kuscheltier für jedes Kind

Lilly liegt in ihrem Bett. Gerade ist sie aufgewacht. Sie schlägt ihre Decke zurück und springt aus dem Bett.
Die Kinder liegen zugedeckt mit ihrem Kuscheltier auf ihrer Matte. Die Decke zurückschlagen und einen Sprung zur Seite machen.

Doch sie muss leise sein. „Psst!" Ihr Teddybär schläft ja noch. Den deckt Lilly erst einmal zu und gibt ihm einen dicken Kuss auf die Nase.
Den Zeigefinger vor den Mund halten. Das Kuscheltier zudecken und es auf die Nase küssen.

Danach geht sie ins Bad. Zuerst will sie sich die Zähne putzen. Lilly drückt die Zahnpasta auf ihre Zahnbürste und schon kann es losgehen. Sie schrubbt und kreist mit der Bürste im Mund. Hin und her und rundherum. Noch kurz ausspucken und das Gesicht waschen.
Zahnputzbewegungen durchführen und so tun, als würde man sich das Gesicht mit einem Waschlappen waschen.

Lilly zieht sich blitzschnell an. Unterhose, Unterhemd, Strümpfe, Hose und zum Schluss noch den Pullover. Das kann sie schon richtig gut.
Alle Anziehbewegungen durchführen.

Jetzt gibt es noch Frühstück. Mama hat für Lilly ein Brot mit Himbeermarmelade gemacht. Und dazu gibt es einen warmen Kakao. Lilly pustet an der Tasse. Vielleicht ist er ja noch heiß.
Eine Tasse nehmen und pusten. Danach ein Brot vor den Mund halten und hineinbeißen.

So, geschafft. Lilly flitzt los. Sie zieht die Schuhe an und schlüpft in ihre Jacke.
Alle Anziehbewegungen durchführen.

Dann setzt sie den Rucksack für den Kindergarten auf. In den hat Mama heute ein leckeres Butterbrot eingepackt.
Den Rucksack aufsetzen und mit der Hand über den Bauch streicheln.

Jetzt geht es los. Gemeinsam mit Mama läuft Lilly in den Kindergarten.
Durch den Raum spazieren.

Lilly ist im Kindergarten angekommen und will gleich mit ihren Freunden spielen. „Tschüss Mama, bis später!"
Winken.

Idee: Leah Schäfer

Der Schneemann und die Schneefrau

Fingerspiel

Alter: ab 1 Jahr
Dauer: 5 Minuten

Der Schneemann und die Schneefrau,
die stehen an ihrem Platz.
Die linke und die rechte Faust zeigen und anschließend auf den Boden stellen.

Doch scheint die Sonne warm,
zerfließen sie zu Matsch.
Mit den flachen Händen auf den Tisch klatschen.

Der Schneemann und die Schneefrau,
die halten einen Schwatz.
Die Daumen aneinanderklopfen.

Doch wenn es regnet,
Mit den Fingerspitzen trommeln.

ist's aus mit ihnen – klatsch!
Mit den flachen Händen auf den Tisch klatschen.

Idee: Tina Scherer

Juhu, es ist Karneval!

Bewegungsgeschichte

Alter: ab 2 Jahren

Dauer: 10 Minuten

Im Karneval verkleiden sich ganz viele Menschen. Auch wir verkleiden uns.
Pantomimisch Kleider anziehen.

Als Erstes sind wir als Cowboy verkleidet.
Wir reiten auf unserem Pferd durch den Wilden Westen.
Mit Pferdesprüngen durch den Raum bewegen.

Jetzt verkleiden wir uns als Prinzessin.
Pantomimisch Kleider anziehen.

Die Prinzessin hat gute Laune und tanzt durch den Raum.
Die Kinder drehen sich und tanzen durch den Raum.

Als Nächstes verkleiden wir uns als Elefant.
Pantomimisch Kleider anziehen.

Der Elefant ist ganz groß und schwer. Langsam bewegt er sich und wedelt mit seinem Rüssel.
Die Kinder machen einen Elefantenrüssel und bewegen sich ganz langsam durch den Raum.

Jetzt verkleiden wir uns als Hasen.
Pantomimisch Kleider anziehen.

Der kleine braune Hase mit der Fliege um den Hals kann große Sprünge machen – kannst du das auch?
Die Kinder hüpfen wie ein Hase durch den Raum.

Als Nächstes verkleiden wir uns als Pinguin.
Pantomimisch Kleider anziehen.

Der Pinguin kann an Land nicht so schnell laufen. Er kann nur ganz kleine Schritte machen. Dafür ist er aber im Wasser ganz schnell.
Die Kinder watscheln wie ein Pinguin durch den Raum.

Zum Schluss verkleiden wir uns als Clown.
Pantomimisch Kleider anziehen.

Der Clown hat eine große, rote Nase. Er macht gerne Quatsch und bringt andere Menschen zum Lachen.
Die Kinder zeigen auf ihre Nase. Anschließend grinsen sie ganz breit und sehen sich gegenseitig dabei an.

Puh, vom vielen Umziehen sind wir ganz müde und müssen uns ausruhen.
Kommt, wir legen uns mal kurz hin!
Die Kinder legen sich hin und ruhen sich kurz aus.

Idee: Britta Bartoldus

Kapitel 2

Lieder, Klanggeschichten & Tanzspiele

Wenn die Blumen wachsen

Chiffontuchtanz & Kniereiter

Alter: ab 1 Jahr

Dauer: 10 Minuten

Material: ruhige Musik, frische Blumen, 1 Chiffontuch in den Farben Gelb, Rot oder Orange für jedes Kind

BLUMEN AUS CHIFFONTÜCHERN

Wenn es draußen Frühling wird, beginnen die Blumen zu wachsen und zu blühen. Mit farbigen Chiffontüchern können Sie das Erblühen im Morgenkreis nachspielen.
Lassen Sie zuerst die Musik laufen. Zeigen Sie den Kindern die Chiffontücher und lassen Sie die Kinder damit frei experimentieren.
Wie fühlt sich ein Chiffontuch an? Lässt es sich hochwerfen, als Ball knüllen? Kann man es mit den Zehen greifen?

KLEINE BLUME, WACHSE!

Zeigen Sie den Kindern ein paar frische Blumen, zum Beispiel Schnittblumen in einer Vase. Spielen Sie gemeinsam mit den Kindern das Wachsen der Blumen nach. Machen Sie sich zuerst ganz klein, dann werden Sie immer größer und größer, bis Sie ganz stehen und das Chiffontuch hin- und herschwenken.

Lassen Sie nacheinander alle Farben erblühen, so lernen die Kinder auch, die unterschiedlichen Farben zu benennen, und zu warten, bis sie an der Reihe sind. Wenn alle Blumen erblüht sind, bewegen sich alle gemeinsam hin und her wie die Blumen im Frühlingswind.

Mit Kindern, die noch nicht sicher stehen und tanzen, oder im Einzelkontakt können Sie alternativ den blumigen Kniereiter auf der nächsten Seite durchführen.

Viele bunte Blumen

Kniereiter

Viele, viele
bunte, bunte Blumen
wachsen auf der Wiese,
wachsen auf der Wiese.

Mit Hüpfbewegungen auf dem Schoß auf und ab wippen.

Zuerst waren sie ganz klein,
dann wurden sie größer und größer.

Kind langsam immer höher und höher hüpfen lassen.

Und jetzt sind sie wunderschön …
anzuseh'n!

Gemeinsam mit dem Kind die Arme in die Höhe halten.

Idee: Michaela Lambrecht

Grashüpfer im Glück

Klanggedicht

Alter: ab 2 Jahren
Dauer: 15 Minuten
Material: Rasseln

Grashüpfer Kurt ist heute früh auf,
hüpft schnell auf einen Grashalm drauf.
Kurz rasseln.

Hier sonnt er sich, holt kräftig Schwung,
dann setzt er an zu einem Sprung.
Kurz und laut rasseln.

Jetzt holt er Luft, fängt an zu singen,
wie schön doch seine Lieder klingen.
Länger rasseln.

Noch mehr Gesang, noch lauter jetzt,
bis sich Mariechen zu ihm setzt.
Laut und lange rasseln.

Der Kurt ist fröhlich, freut sich sehr,
Mariechen freut sich gleich noch mehr.
Laut und lange rasseln.

Gemeinsam hüpfen sie durchs Gras,
das macht den beiden richtig Spaß!
Immer leiser rasseln, dann einen Moment ganz still sein.

Idee: Tina Scherer

Eine kleine Schildkröte

Klanggedicht

Alter: ab 1 Jahr
Dauer: 5 Minuten
Material: Rasseln oder Klanghölzer

Eine kleine Schildkröte wandert durch die Welt,
sie eilt sich nicht, sie hält gern an, wo es ihr gefällt.
Langsam rasseln oder schlagen.

Eine kleine Schildkröte schaut sich gerne um,
sie dreht sich auf dem Fleckchen nach hier und dort herum.
Langsam rasseln oder schlagen.

Eine kleine Schildkröte schlummert gern mal ein,
so wird sie niemals müde und immer langsam sein.
Zuerst rasseln und schlagen, dann anhalten, leise sein; zum Schluss schnarchen.

Idee: Tina Scherer

Die Käfer-Hitparade

Drei kleine Käferlieder

Alter: ab 3 Monaten
Dauer: 5 Minuten

Der Käferhit

Spiellied im Sitzen

Heut tanzen Käfer im Sonnenschein mit,
komm, sing und tanz mit uns den Käferhit!
Tanz, tanz, tanz, tanz!

Im Sitzen zur Musik bewegen.

Heut fliegen Käfer im Sonnenschein mit,
komm, sing und tanz mit uns den Käferhit!
Flieg, flieg, flieg, flieg!

Im Sitzen mit den Armen Flugbewegungen machen.

Heut rollen Käfer im Sonnenschein mit,
komm, sing und tanz mit uns den Käferhit!
Roll, roll, roll, roll!

Auf den Rücken rollen oder einfach im Sitzen mitbewegen.

Heut winken Käfer, sie gehn jetzt zur Ruh,
machen die Äuglein zum Schlafen jetzt zu.
Schnarch, schnarch, schnarch, scharch!

Winken.

(Melodie: Heut ist ein Fest bei den Fröschen am See)

Kommt ein Käfer geflogen

Lied

Kommt ein Käfer geflogen,
setzt sich nieder und ruht aus,
kleiner Käfer, kannst gern bleiben,
fühl dich bei mir wie zu Haus.

(Melodie: Kommt ein Vogel geflogen)

Kleiner Käfer, schläfst du noch?

Lied

Kleiner Käfer, kleiner Käfer,
schläfst du noch?
Schläfst du noch?

Komm, fang an zu fliegen,
weil wir dich so lieben.
Summ, summ, summ,
summ, summ, summ!

(Melodie: Bruder Jakob)

Idee: Tina Scherer

Wo sind die Sterne?

Klanggedicht

Alter: ab 1 Jahr

Dauer: 15 Minuten

Material: 1 Klanginstrument für jedes Kind

Der Himmel ist dunkel, es leuchtet kein Stern.
Die Nacht ist ganz still und der Morgen noch fern.

„Pssst" machen, den Finger an den Mund legen,
alle sind ganz leise, die Instrumente schweigen.

Da blinkt ein winziges Lichtchen von fern,
da ist er ja doch noch: der erste Stern.

Sie selbst spielen ihr Instrument an, zunächst noch sehr leise.

Ein zweiter, ein dritter, dann wird es ganz hell,
die Sterne, die leuchten jetzt für uns schnell.

Sie spielen ihr Instrument lauter, dann klingen nach und
nach die Instrumente der Kinder mit.

Idee: Tina Scherer

Das Ahornblatt im Herbst

Klanggeschichte

Alter: ab 2 Jahren

Dauer: 15 Minuten

Material: Xylofon, Handtrommel, Ahornblätter

Kennst du ein Ahornblatt hoch oben aus der Baumspitze?
Den Kindern ein Ahornblatt zeigen.

Der Herbst hat ihm viele Farben gegeben – Rot, Gelb, Grün und Braun.
Mit dem Xylofon vier Töne für die Farben des Blattes anschlagen.

Und plötzlich kommt ein kräftiger Wind und pustet es davon.
Handtrommelwirbel.

Schnell wird es durch die Luft gewirbelt und fällt auf die Erde.
Alle Kinder pusten kräftig mit.

Kennst du **noch ein** Ahornblatt hoch oben aus der Baumspitze?
Den Kindern ein zweites Ahornblatt zeigen.

Der Herbst hat ihm viele Farben gegeben …
Die Klanggeschichte von vorne beginnen.

UND SO GEHT'S:
Setzen Sie sich mit den Kindern im Sitzkreis zusammen. Die Kinder dürfen zunächst die beiden Instrumente kennenlernen und damit experimentieren. Dann kann es losgehen: Der Reihe nach darf jedes Kind einmal die Geschichte mit einem Instrument durchspielen.

Idee: Heike König

Wir schütteln, schütteln, schütteln

Klanggedicht

Alter: ab 1 Jahr

Dauer: 10 Minuten

Material: selbst gefüllte Rasselflaschen (alternativ: Rasseln)

Meine kleine Rasselflasche find ich wunderbar.
Meine kleine Rasselflasche hab ich immer da.

Ich rassle hin und rassle her,
denn rasseln kann ich, ist nicht schwer.

Drum müssen wir sie schütteln,
schütteln, schütteln, schütteln.

Drum müssen wir sie schütteln,
bis wir richtig fröhlich sind.

(Melodie: Hände waschen)

UND SO GEHT'S:
Mit Erbsen, Knöpfen, Reis und Steinchen entstehen verschiedene tolle Sensorikflaschen zum Rollen, Betrachten, Schütteln und Hinhören. Einfach leere Plastikflaschen befüllen, zuschrauben, fertig!

Idee: Tina Scherer

Gute Nacht, ihr Libellen!

Mitmach- und Mitsummgedicht

Alter: ab 1 Jahr
Dauer: 10 Minuten

Libellen zischen über den Teich,
sind so schnell, man sieht sie nicht gleich.
Die Arme ausbreiten und auf und ab bewegen, mitsummen.

Hocken sich nieder auf einem Stein,
klappen ihre Flügel ein.
In die Hocke gehen oder hinsetzen, ganz klein machen.

Sie schütteln ihre Beinchen aus,
strecken sich in der Sonne aus.
Die Beine schütteln, strecken.

Dann fliegen sie weiter, ganz langsam und zart,
ganz nach der Frühlingslibellenart.
Ganz langsam die Arme auf und ab bewegen, ganz leise mitsummen.

Zum Schluss sammeln sie sich am Teich,
kuscheln zusammen, man sieht sie nicht gleich.
Gute Nacht, ihr Libellen!
Alle kuscheln sich im Sitzen oder in der Hocke eng aneinander, leise schnarchen.

Idee: Tina Scherer

Wenn der Wind weht

Spiellied

Alter: ab 1 Jahr
Dauer: 10 Minuten

EINGANGSSTROPHE

Wenn der Wind geht,
wenn der Wind weht,
Kinder pusten wie der Wind.

ist mir kalt,
ist mir kalt!
Kinder reiben sich die Arme.

Meine Ohren frieren,
meine Ohren frieren.
Mit den Händen beide Ohren berühren.

Huh, wie kalt,
huh, wie kalt!
Mit den Füßen stampfen oder im Sitzen
mit den Fersen auf den Boden trommeln.

WEITERE STROPHEN

Meine Hände frieren …
Meine Beine frieren …
Meine Haare fliegen …

LETZTE STROPHE

Wenn der Wind stoppt,
wenn der Wind stoppt,
In die Hände klatschen.

wird mir warm,
wird mir warm!
Arme ausbreiten.

Ich muss nicht mehr frieren,
ich muss nicht mehr frieren.
Hände nach oben strecken und jubeln.

Ach, wie gut,
ach, wie gut!
Klatschen.

(Melodie: Bruder Jakob)

UND SO GEHT'S:
Zu der Melodie von Bruder Jakob beginnen Sie mit der ersten Strophe des Liedes, danach frieren die Hände, die Beine, die Haare fliegen – und was den Kindern noch so einfällt. Zum Schluss kommt die letzte Strophe.

Idee: Michaela Lambrecht, Tina Scherer

Der Kuscheltiersong

Lied

Alter: ab 2 Jahren

Dauer: 10 Minuten

1 Mein bester Freund, ja, das ist mein Kuscheltier,
bin ich mal traurig, ruckzuck, da hilft es mir.
Ich nehme e-es dann ganz fest in den Arm.
Di dum, di da, di dum, di da, di dum, di da, di dum, di da, di

2 Mein bester Freund, ja, das ist mein Kuscheltier,
bin ich mal wütend, ruckzuck, da hilft es mir.
Ich nehme e-es dann ganz fest in den Arm.
Di dum, di da, di dum, di da, di dum, di da, di dum, di da, di.

3 Mein bester Freund, ja, das ist mein Kuscheltier,
bin ich mal ängstlich, ruckzuck, da hilft es mir.
Ich nehme e-es dann ganz fest in den Arm.
Di dum, di da, di dum, di da, di dum, di da, di dum, di da, di.

(Melodie: Ich lieb den Frühling/I like the flowers)

Idee: Leah Schäfer

Die Maus im Blättertreiben

Chiffontuchtanz

Alter: ab 2 Jahren

Dauer: 15 Minuten

Material: 2 Chiffontücher in Herbstlaubfarben für jedes Kind, ruhige Instrumentalmusik

Eine kleine Maus
geht heute nicht nach Haus.
Sie mag es, wenn die Blätter treiben,
sie möchte gern noch draußen bleiben.

Laufen und dabei die Tücher hinterherwehen lassen.

Die Blätter schweben in der Luft,
es weht ein feiner Blätterduft.
Die Blätter fallen auf den Boden leise,
machen Halt von ihrer Reise.

Mit den Tüchern drehen, die Tücher hochwerfen und wieder fangen.

Die Maus deckt sich mit Blättern zu,
ach, wie schön ist diese Ruh!
Ganz klein macht sich die Maus darunter,
doch dann, dann wird sie wieder munter.

Sich immer kleiner machen, hinsetzen und mit den Tüchern zudecken.

Hui, sie schleudert Blätter weg,
kommt raus aus ihrem Laubversteck.
Müde ist die Maus jetzt doch,
sehnt sich nach dem Mauseloch.

Die Tücher hochwerfen, mit der Hand an der Stirn nach dem Mauseloch Ausschau halten.

Gähnt und reckt sich, streckt sich auch,
streichelt sich den Mäusebauch.
Dann huscht sie schnell in ihr Versteck
und unsre kleine Maus ist weg.

Gähnen, recken, strecken und den Bauch streicheln.

Idee: Michaela Lambrecht, Tina Scherer

Was blüht denn da im Wintergarten?

Klanggeschichte & Spiel

Alter: ab 2 Jahren

Dauer: 20 Minuten

Material: Xylofon, 1 Glöckchen für jedes Kind

Lisa schaut aus dem Fenster und ist überrascht: Es hat geschneit!
Leise absteigende Tonfolge auf dem Xylofon spielen.

Eine glitzernde Schneedecke bedeckt den Boden im Garten. „Ach, wie zauberhaft und schön sieht das aus!", denkt Lisa.
Einige Töne auf dem Xylofon spielen.

Das helle Sonnenlicht verzaubert die weißen Schneeflocken in einen einzigen großen Kristall. Schnell zieht Lisa ihre warme Jacke und die Stiefel an und eilt hinaus in den Garten. Als sie den Gartenweg entlanggeht, vernimmt sie ein seltsames Geräusch, das ihr bisher fremd gewesen ist.
Leise mit dem ersten Glöckchen klingeln.

Wo kommt das denn her? Lisa folgt diesem leisen, klingenden Geräusch. Ach, da! Eine kleine Öffnung in der Schneedecke und was sieht sie da? Ein kleines, weißes Blütenköpfchen mit einem kleinen, grünen Knöpfchen schaut aus dem Schnee hervor.
Laut mit dem Glöckchen klingeln.

Und da noch ganz viele!
Jetzt klingen alle Glöckchen zusammen.

Lisa ruft aufgeregt ihre Mutter. „Mama, Mama, komm schnell in den Garten! Was wächst denn da aus der Schneedecke heraus?"
Aufsteigende Tonfolge auf dem Xylofon spielen.

„Ja, Lisa", antwortet Mama. „Das sind kleine Schneeglöckchen, die ersten Blumen im Garten. Sie läuten den Frühling ein."
Alle Glöckchen erklingen zusammen.

Schneeglöckchen, wach auf!

Abschlussspiel

Nach der Klanggeschichte bietet sich ein kleines Bewegungsspiel zum Abschluss des Morgenkreises an:

Ein Kind (oder Sie selbst) ist die Frühlingsfee und bekommt einen Zauberstab. Die anderen Kinder sind Schneeglöckchen, die noch im Winterschlaf sind. Die Schneeglöckchen verstecken sich unter Decken oder Tüchern. Die Frühlingsfee geht nun von Kind zu Kind, hebt die Decke/das Tuch an und berührt das jeweilige Kind mit dem Zauberstab. Jedes so berührte Schneeglöckchen steht auf, reckt sich und streckt sich.

Mit diesem Reim können Sie die Frühlingsfee und die Schneeglöckchen begleiten:

Im Winter noch, bei Eis und Schnee,
ist sie schon da: die Frühlingsfee.

Sie tanzt umher, weckt Blumen auf,
so nimmt der Frühling seinen Lauf.

Betrieb am Vogelhäuschen

Klanggedicht

Alter: ab 1 Jahr

Dauer: 15 Minuten

Material: viele Rasseln, 1 Triangel

Am Fenster drin, am Fenster,
da warten Kinder still,
ob sich am Vogelhäuschen
ein Vogel zeigen will.

Ganz leise sprechen, kein Instrument erklingt, alle stehen oder sitzen ganz still.

Da kommen viele Spätzchen
und setzen sich darauf,
sie haben richtig Hunger
und Durst haben sie auch.

Rasseln oder Flatterbewegungen machen.

Was ist das für ein Zwitschern,
ein Piepsen und Geschrei,
denn sie möchten fressen,
die Spatzenvögel klein.

Laut rasseln, piepsen, flattern.

Doch plötzlich wird es leise,
die Vögel fliegen weg,
denn da kommt Nachbars Katze
ganz leis aus ihr'm Versteck.

Ganz leise werden, die Triangel erklingt, das Schleichen der Katze nachmachen.

Sie schleicht umher und schnüffelt,
dann läuft sie wieder fort.
Und unsre kleinen Vögel?
Sind zurück am Lieblingsort.

Wieder rasseln.

Idee: Tina Scherer

Ja, heut ist dein Geburtstag!

Lied

Alter: ab 2 Jahren

Dauer: 10 Minuten

1 Ja, heut ist dein Geburtstag, und wir sind alle hier.
Mit Kuchen und Geschenken, mit Kuchen und Geschenken.
Wir gratulieren dir, wir gratulieren dir.

2 Egal, ob es heut regnet, ob's hagelt oder schneit.
Wir wollen mit dir feiern, wir wollen mit dir feiern.
Kein Weg ist uns zu weit, kein Weg ist uns zu weit.

3 Wir mögen dich so gerne und wünschen dir viel Glück.
Jetzt essen wir gemeinsam, jetzt essen wir gemeinsam.
Vom Kuchen noch ein Stück, vom Kuchen noch ein Stück.

(Melodie: Der Kuckuck und der Esel)

Idee: Leah Schäfer

Die müde Schneefee

Tanzgeschichte

Alter: ab 2 Jahren

Dauer: 30 Minuten

Material: Xylofon, Triangel, Chiffontuch für jedes Kind

Es war einmal eine kleine Schneefee, die sehr stolz auf sich war.
Einmal die Triangel anschlagen.

Sie konnte es nämlich schneien lassen. Manchmal schneite es nur ein bisschen.
Einige kurze Schläge auf dem Xylofon, die Kinder gehen langsam mit ihren Tüchern im Raum.

Manchmal schneite es viel.
Einige laute Schläge auf dem Xylofon, die Kinder stampfen und gehen laut.

Und manchmal schneite es sehr viel und ein Schneesturm pustete viele, viele Flocken vom Himmel.
Auf- und absteigende Tonfolge/über das Xylofon streichen, die Kinder springen und tanzen wild.

Manchmal war der Schnee nass und lastete schwer auf den Zweigen der Bäume.
Langsame Schläge auf dem Xylofon, dunkle Töne, die Kinder stampfen und gehen langsam.

Und manchmal war der Schnee ganz leicht und zart und schwebte ganz sanft herab.
Helle Töne auf dem Xylofon, leise und schnell gespielt, die Kinder schweben oder tanzen mit dem Tuch durch den Raum.

Aber eines Tages hatten die Tiere und Bäume im Winterwald genug vom Schnee. „Wir wollen endlich Frühling haben!", beschwerten sie sich. Da erst bemerkte die Schneefee, dass sie ganz schön müde war.
Die Triangel spielen, die Kinder gähnen.

Sie legte sich in ihr Bett aus Eis, deckte sich gemütlich mit ihrer Schneeflockendecke zu und schlief bis zum nächsten Winter.
Die Triangel spielen, die Kinder legen sich hin und decken sich mit dem Tuch zu.

Tschüss-Winter-Lied

Winter, Winter, du musst gehn,
wir wollen jetzt den Frühling sehn.

Zieh davon mit Schnee und Kält,
befrei von Eis die ganze Welt.

Winter, Winter, du musst gehn,
wir wollen jetzt den Frühling sehn.

(Melodie: Funkel, funkel kleiner Stern)

Idee: Tina Scherer

Ein bunter Cli-Cla-Clown

Tanzspiel

Alter: ab 2 Jahren
Dauer: 10 Minuten

1 Es tanzt ein bunter Cli-Cla-Clown in unserm Kreis herum, fidibum.
Es tanzt ein bunter Cli-Cla-Clown in unserm Kreis herum.
Er rüttelt sich und schüttelt sich, er wirft die Arme über sich.
Es tanzt ein bunter Cli-Cla-Clown in unserm Kreis herum.

2 Es tanzt die schöne Zauberfee in unserm Kreis herum, fidibum.
Es tanzt die schöne Zauberfee in unserm Kreis herum.
Sie rüttelt sich und schüttelt sich, sie wirft die Arme über sich.
Es tanzt die schöne Zauberfee in unserm Kreis herum.

NOCH MEHR STROPHEN:

3 Es tanzt auch ein Indianermann in unserm Kreis herum ...
4 Es tanzt Prinzessin Wunderschön in unserm Kreis herum ...
5 Es tanzt der wilde Tiger heut in unserm Kreis herum ...
6 Es tanzt Marienkäferchen ...
7 Es tanzt der Ninja Jim Huang Tschei ...
8 Es tanzt ein Dino laut und schwer ...

(Melodie: Es tanzt ein Bi-Ba-Butzemann)

Idee: Marion Bischoff

Kapitel 3

Kreis- & Bewegungsspiele

Ich will euch begrüßen

Klatschspiel

Alter: ab 1 Jahr

Dauer: 5 Minuten

Ich will euch begrüßen und mache das so:
Hallo *(klatsch, klatsch)*, hallo *(klatsch, klatsch)*.

Schön, dass ihr heut hier seid und nicht anderswo.
Hallo *(klatsch, klatsch)*, hallo *(klatsch, klatsch)*.

Hallo, hallo, hallo Sebastian.
Hallo, hallo, hallo.

Hallo, hallo, hallo Leonie.
Hallo, hallo, hallo.

UND SO GEHT'S:
Nacheinander werden alle Kinder im Kreis namentlich begrüßt. Das Spiel kann anschließend mit anderen Bewegungen wie winken, stampfen, Hand drehen wiederholt werden.

Idee: Britta Bartoldus

Husch, husch, husch

Aufpassspiel

Alter: ab 1 Jahr
Dauer: 10 Minuten
Material: 1 weiche, kleine Stoff- oder Plüschmaus

Bei diesem Spiel sind schnelle Reflexe und gutes Aufpassen gefragt, denn die kleine Waldmaus ist blitzschnell. Wer sie trotzdem streicheln will, muss wirklich flink sein. Setzen Sie sich in einen engen Kreis zusammen und legen Sie die Maus in die Kreismitte.
Sprechen Sie gemeinsam langsam den Reim:

Ein kleines Mäuschen, husch, husch, husch,
flitzt ganz schnell unter einen Busch.

Kannst du's fangen? Das ist schwer,
bald siehst du es gar nicht mehr.

Die Kinder können passend zum letzten Reimwort „mehr" versuchen, die Maus zu fangen, während Sie sie immer wieder am Schwanz wegziehen. Wem es gelingt, dem winkt ein Applaus von allen.

Idee: Tina Scherer

Guten Morgen, guten Morgen

Spiellied

Alter: ab 1 Jahr
Dauer: 5 Minuten

Guten Morgen, guten Morgen,
wir winken uns zu.
Guten Morgen, guten Morgen,
erst ich und dann du.

Guten Morgen, guten Morgen,
wir klatschen uns zu.
Guten Morgen, guten Morgen,
erst ich und dann du.

Guten Morgen, guten Morgen,
wir stampfen uns zu.
Guten Morgen, guten Morgen,
erst ich und dann du.

Passend zum Lied winken, klatschen und stampfen.

(Melodie: Kommt ein Vogel geflogen)

Idee: Britta Bartoldus

Kleines Küken pieps einmal

Piepsspiel

Alter: ab 1 Jahr

Dauer: 10 Minuten

Material: 1 Decke für jedes Kind

WIE AUS DEM EI GEPELLT

Das gefällt den Kindern bestimmt: das Schlüpfen der kleinen Küken nachzuspielen. Hier können die Kinder sich gegenseitig überraschen, sich verstecken und plötzlich auftauchen und das Gefühl der Geborgenheit im Ei und später bei der Hühnermama nachspielen.

KLEINES KÜKEN, SCHLÜPF!

In diesem Spiel sind Sie als Erzieherin die Hühnermama, die Kinder sind die Küken in den Eiern. Dazu ziehen sich die Kinder die Decken über und machen es sich unter den Decken gemütlich. Mit Piepslauten verständigen sich die Küken untereinander. Jedes Küken darf ein Mal piepsen. So lange warten alle kleinen Küken mit dem Schlüpfen.

Hat jedes Küken ein Mal gepiepst, dürfen alle Küken gemeinsam piepsen und dann ausschlüpfen und ihre Decken von sich werfen. Die Hühnermama freut sich sehr und begrüßt ihre Küken mit einer Umarmung.

Idee: Tina Scherer

Fang die Farbe!

Geschicklichkeitsspiel

Alter: ab 2 Jahren

Dauer: 20 Minuten

Material: ausgeschnittene Eier aus Fotokarton in Blau, Gelb, Rot und Grün

UND SO GEHT'S:

Zur Osterzeit gehören Eier dazu. Kinder freuen sich aufs Eierfärben. Bei diesem Spiel geht es um Geschicklichkeit und Wortverständnis.

Schneiden Sie zunächst viele bunte Eier aus. Es müssen genügend Eier sein, sodass wirklich alle Kinder immer ein Ei in entsprechender Farbe erreichen können. Die Kinder sitzen im Kreis auf dem Boden. In der Kreismitte legen Sie die Eier aus. Sie sprechen den Text langsam vor und sobald die Kinder eine Farbe hören, klatschen sie auf ein Ei in der passenden Farbe.

Viele bunte Eier liegen hier im Korb. Es gibt blaue Eier. Und es gibt gelbe Eier. Ein rotes Ei gefällt mir besonders gut. Der Osterhase hat auch grüne Eier bemalt. Grüne Eier kann er im Gras besonders gut verstecken. Das Gras ist nämlich auch grün. Wer im Gras liegt und genau schaut, entdeckt bestimmt auch das blaue Ei hinter der Hecke. Ein rotes Ei hat sich unter den Büschen versteckt. Und das gelbe Ei blinzelt hinter der Blume hervor. Wir sammeln alle Eier ein: rote, grüne, gelbe und blaue. Dann verteilen wir sie. Jedes Kind bekommt seine Lieblingsfarbe. Welches ist deine Lieblingsfarbe?

Idee: Marion Bischoff

Hüpf, kleiner Osterhase, hüpf!

Bewegungsspiel

Alter: ab 2 Jahren
Dauer: 15 Minuten
Material: Körbchen mit Plastikostereiern

Ein bisschen Freude kann so einfach sein: Bei diesem Spiel erhält jedes Kind ein Ei vom Osterhasen. Dazu trainieren die Kinder je nach Alter und Entwicklungsstand das Krabbeln, Laufen oder Hüpfen.

WEM SCHENK ICH EIN EI?

Stellen Sie das Körbchen mit den Plastikostereiern in die Mitte des Sitzkreises. Ein Kind darf der Osterhase sein und im Kreis herumhüpfen. Dazu kann das Kind Hüpfsprünge machen, sofern es diese Bewegungen schon ausführen kann. Ansonsten ist natürlich auch Krabbeln oder Laufen erlaubt. Die anderen Kinder schließen die Augen und halten ihre Hände geöffnet. Wem wird der Osterhase wohl ein Osterei schenken? Geben Sie dem Kind, das den Osterhasen spielt, ein Ei, sobald es vor dem Kind, das es sich aussucht, Halt macht.

Das Kind, das jetzt das Osterei bekommen hat, darf der neue Osterhase sein und ein Osterei verschenken. Das Spiel wird so lange gespielt, bis alle Kinder ein Osterei haben.

Bevor der Osterhase zu hüpfen beginnt, sprechen alle Kinder gemeinsam:
Hüpf, kleiner Osterhase, hüpf!

Zur Weihnachtszeit funktioniert das Spiel natürlich auch, zum Beispiel mit Mandarinen vom Nikolaus.

Idee: Michaela Lambrecht

Schattenkatzen

Kreisspiel für draußen

Alter: ab 1 Jahr
Dauer: 10 Minuten
Material: kleine Spielzeugkatze, Decke

Im Sommer findet der Morgenkreis sicher auch mal draußen statt! Setzen Sie sich mit den Kindern in einem Sitzkreis zusammen – für dieses Spiel am besten in den Halbschatten unter einen Baum. Geben Sie die Katze in den Sitzkreis. Die Kinder reichen die Katze reihum weiter. Dazu singen Sie gemeinsam:

Katze, Katze, du musst wandern
von dem einen Ort zum andern.
Das ist schön, das ist schön, Katze,
lass dich nur nicht seh'n!

(Melodie: Taler, Taler du musst wandern)

Die Kinder müssen beim Singen darauf achten, dass die Katze niemals in die Sonne gelangt, wenn sie mit einem Arm oder Bein versehentlich aus dem Schatten in die Sonne kommen.

Idee: Tina Scherer

Guten Morgen, liebe Kinder!

Winterlied

Alter: ab 2 Jahren
Dauer: 10 Minuten

1 Guten Morgen, liebe Kinder,
guten Morgen, allerseits!
Guten Morgen, lieber Winter,
guten Morgen, heute schneits!

2 Guten Morgen, lieber Winter,
heute geht ein kalter Wind.
Darum eilen Eltern, Kinder
in die Kita ganz geschwind.

3 Guten Morgen, lieber Winter,
guten Morgen, heut ist's kalt!
Darum eilen Eltern, Kinder
in die Kita schnell und bald.

4 Guten Morgen, lieber Winter,
ach, es regnet heut so schön.
Da beeilen sich Eltern, Kinder,
in die Kita zu gehn.

5 Guten Morgen, liebe Kinder,
das macht uns doch gar nichts aus.
Denn wir sitzen hier gemütlich
in unserm großen Kita-Haus!

(Melodie: Kommt ein Vogel geflogen)

Idee: Tina Scherer

Was der Herbstwind so alles pustet

Pustespiele

Alter: ab 1,5 Jahren

Dauer: je 10 Minuten

Material: 1 kleine Feder, Herbstblätter, Tischtennisball, Wattebausch, Papier

EINSTIMMEN UND EXPERIMENTIEREN

Pusten trainiert nur die Mundmotorik? Bei Weitem nicht: Pusten stärkt auch die Lungen, wenn es richtig gemacht wird, und das bewusste Atmen hilft bei der Eigenwahrnehmung und Entspannung. Erzählen Sie den Kindern vom Wind, der im Herbst besonders stark weht und die Blätter von den Bäumen pustet.

Gehen Sie an einem windigen Morgen mit den Kindern nach draußen, damit diese selbst spüren können, wie stark der Wind sein kann. Die Kinder stellen sich vor, sie wären der Wind. Sie atmen tief ein und pusten kräftig. Das macht lustige Geräusche! Wie fühlt sich das auf der Haut an? Was passiert, wenn wir uns auf die Hand und gegenseitig ins Haar pusten? Können wir auch nur ganz leicht und sanft pusten, dann wieder ganz kräftig und stark?

SPIELEN UND BEWEGEN

Im Morgenkreis spielen die Kinder Herbstwind, indem sie abwechselnd eine kleine Feder hoch in die Luft pusten. Daraus können Sie ein Gruppenspiel machen, bei dem die Feder nicht den Boden berühren und möglichst lange in der Luft bleiben soll.

Alternativ versuchen die Kinder ein Pustespiel mit einem kleinen leichten Herbstblatt. Halten die Kinder ein getrocknetes Herbstblatt am Stiel zwischen Daumen und Zeigefinger fest und pusten dagegen, macht es lustige Geräusche.

Auch im Sitzkreis können Sie Gruppen-Pustespiele anbieten. Dabei pusten die Kinder einen Wattebausch von Hand zu Hand oder auf dem Boden im Kreis herum.

Etwas schwieriger, aber auch spannender, ist es mit einem Tischtennisball. Dazu sitzen die Kinder am Tisch und pusten sich den Ball über die Platte hinweg zu. Die Aufgabe: Der Ball darf dabei nicht auf den Boden fallen.

WAS MAN ALLES PUSTEN KANN

Geben Sie jedem Kind ein Stück Papier, das es zu einer Kugel zerknüllen soll. Die Kinder legen sich nebeneinander bäuchlings auf den Boden. Nun veranstalten Sie mit ihnen ein kleines Puste-Wettrennen: Welche Papierkugel flitzt am schnellsten oder weitesten über den Boden?

Als Steigerung geben Sie den Kindern einen Strohhalm. Alternativ zu der Papierkugel können Sie natürlich auch Watte oder Herbstblätter benutzen. Auch Alufolien-Bälle oder kleine Luftballons lassen sich herrlich pusten.

Luftschlangen, die aus der Rolle gepustet werden, ein Strohhalm, der Wasser in einem Glas blubbern lässt … Stellen Sie doch einen Puste-Tisch zusammen, auf dem die Kinder ihr Puste-Material sammeln und immer wieder ausprobieren können.

Idee: Theresa Schuster

Es geht ein kleiner Nikolaus

Tanzspiel

Alter: ab 1 Jahr

Dauer: 10 Minuten

Es geht ein kleiner Nikolaus in
unserm Kreis herum, fidibum.

Es geht ein kleiner Nikolaus in
unserm Kreis herum.

Ein Kind tanz als Nikolaus in der Mitte des Kreises.

Der Nik'laus läuft zu … hin und fragt,
ob sie/er jetzt tanzen will.

Der Nik'laus läuft zu … hin und fragt,
ob sie/er jetzt tanzen will.

Der Nikolaus fordert ein anderes Kind zum Tanz auf.

Dann tanzen sie mal hin und her und rundherum, das ist nicht schwer.
Dann tanzen sie mal hin und her und rundherum, das ist nicht schwer.

Gemeinsam tanzen die Kinder im Kreis.
Strophe wiederholen: Das Nikolauspaar fordert zwei weitere Kinder auf,
diese fordern wieder Kinder auf – bis alle Kinder im Kreis tanzen.

Zum Schluss geht jeder Nikolaus mit seinem Freund nach Haus, ja nach Haus.
Zum Schluss geht jeder Nikolaus und dieses Spiel ist aus.

(Melodie: Es tanzt ein Bi-Ba-Butzemann)

Idee: Margot Lindner

Auge, Auge, Nase, Mund

Kennenlernspiel

Alter: ab 1 Jahr
Dauer: 5 Minuten

Auge, Auge, Nase, Mund.
Mein Gesicht, das ist rund.

Es sind noch zwei Ohren dran,
damit ich besser hören kann,

Haare gehören auch dazu.
Ich bin __________ , wer bist du?

Idee: Britta Bartoldus

UND SO GEHT'S:
Sprechen Sie mit jedem Kind den Vers und deuten Sie dabei gemeinsam auf die jeweiligen Körperteile. Der Reim eignet sich zum Kennenlernen, wenn Kinder neu in der Gruppe sind, oder zum Vertiefen der Namen.

Schnell, schnell ins Häuschen

Krabbelspiel

Alter: ab 6 Monaten

Dauer: 10 Minuten

Material: 1 Teppichfliese für jedes Kind

SCHNELL, KLEINER IGEL!

Die Kinder sitzen auf ihrer Teppichfliese im Kreis. In diesem Spiel sind alle Kinder kleine Igel. Die Fliesen sind die Häuschen der Igel. Die Igel dürfen nun im Kreisinneren krabbeln. Rufen Sie aber „Schnell, schnell ins Häuschen!", krabbeln alle kleinen Igel so schnell wie möglich zu ihrer Teppichfliese (in ihr Häuschen) zurück.

Mit Musik macht das Spiel noch mehr Spaß!

Idee: Britta Bartoldus

Kapitel 4

Geschichten

Das Küken hat Hunger

Vorlesegeschichte

Alter: ab 2 Jahren
Dauer: 10 Minuten

Das kleine Küken ist gerade erst auf die Welt gekommen. Und es hat ziemlich großen Hunger. „Haaallo!", piepst es, „kann mir bitte mal jemand etwas zu fressen bringen?"

Eine Zeit lang antwortet niemand. Dann rauscht es und von oben kommt der Rabe Riko angeflogen. Er lässt sich vor dem Küken nieder und guckt es neugierig an.
„Ich hab Hunger!", piepst das Küken.
„Hier hast du eine schöne Nuss!"
Riko lässt eine dicke Walnuss fallen, die er gerade gestohlen hat. Das Küken guckt die Nuss erstaunt an.

„Die kann ich doch nicht essen, die ist viel zu hart. Ich bin noch ein Hühnerbaby, ich kann doch keine Nüsse essen!"
Der Rabe kratzt sich am Kopf.
„Nicht?"
„Nein!", ruft das Küken. „Aber ich hab Hunger. Warum kommt denn nicht mal jemand und bringt mir was?"
Der Rabe fliegt weg und eine Weile ist es ganz still.

„Haaallo!", ruft das kleine Küken. „Ich hab …"
Da raschelt es im Gebüsch und der dicke Igel Ingo kommt angeschnauft.
„Hier hab ich dir eine schöne Schnecke mitgebracht!", keucht er atemlos. „Hui, ist das warm heute!"

Das Küken betrachtet die Schnecke.
„Eine Schnecke? Ich fress doch keine Schnecke! Ich bin ein Hühnerküken, ich mag keine schleimige Schnecke fressen. Igitt!"
Der Igel ist ratlos.
„Nicht?"
„Nein!", ruft das Küken. „Ich möchte jetzt bitte was Leckeres zum Fressen. Was Leckeres! Keine Schnecke und keine Nuss!"

Eine Weile ist es wieder still um das Küken herum. Dann raschelt es im Gras und der Hund Hektor kommt angerannt.
„Hier hast du einen leckeren Knochen“, freut sich der Hund und legt seinen Knochen vor das Küken. Das Küken betrachtet den Knochen.

„Ich kann doch keinen Knochen fressen, ich hab ja gar keine Zähne!“, ruft das Küken. Jetzt wird das Küken richtig wütend. „Versteht das denn keiner? Ich bin ein Hühnerküken! Ich fresse keine Knochen oder Schnecken oder Nüsse!“
„Nicht?“
Der Hund legt den Kopf schief, dann rennt er weg.

Jetzt ist das Küken ziemlich traurig. Es hat Hunger und es ist ganz allein. Da raschelt es wieder und Mama Huhn kommt angelaufen. Sie nimmt das Küken unter ihre warmen Flügel, um es zu wärmen. Dann führt sie das Küken auf den Hühnerhof.

„Du kannst dir selbst was zum Fressen holen, guck mal!“ Und Mama macht vor, wie sie ein leckeres Getreidekörnchen mit dem Schnabel aufpickt. Sie zeigt dem Küken eine Getreideflocke.
„Die ist fur dich!“

Idee: Tina Scherer

Mama Zebra ist verschwunden

Vorlesegeschichte

Alter: ab 2 Jahren

Dauer: 10 Minuten

Das kleine Zebra ist traurig. Es hat sich verlaufen und findet seine Mama nicht mehr. „Maaaaama!", ruft es durch die Savanne. Keine Antwort. „Wo ist denn meine Mama nur?" Das kleine Zebra fängt ein bisschen an zu weinen, denn es hat etwas Angst, so ganz allein.

„Warum weinst du denn?", fragt da eine Stimme neben ihm. Es ist eine freundliche Giraffe. Die Giraffe muss ihren Hals ganz nach unten beugen, damit sie mit dem kleinen Zebra sprechen kann.
„Ich suche meine Mama", weint das kleine Zebra. Die Giraffe hat eine Idee: „Ich gucke mal, ob ich sie entdecken kann." Und die Giraffe reckt ihren Hals ganz lang und guckt und guckt. Aber sie kann die Zebramama nicht sehen. Das kleine Zebra muss jetzt noch mehr weinen.

„Ich könnte auch mal schnell gucken", bietet eine andere Stimme an. Ein Krokodil! Das kleine Zebra springt ein paar Schritte weg. „Ich will dich nicht beißen, versprochen", versichert das Krokodil. „Dafür bist du mir viel zu klein. Aber ich könnte mal im Sumpf schauen, ob ich deine Mama irgendwo finde."

„Ja, gern. Danke!", sagt das kleine Zebra. Aber auch das Krokodil kann nichts finden.

„Huhu!", ruft ein Affe. „Ich gucke auch mal nach, ob sie irgendwo auf einen Baum geklettert ist. Soll ich?", bietet der Affe an.
Da muss das kleine Zebra lachen. „Meine Mama kann doch gar nicht auf Bäume klettern!" „Nicht?" Der Affe kratzt sich am Kopf.
„Dann frag ich mal den Elefanten, ob sie vielleicht in den Wassertümpel gefallen ist."

Aber auch der Elefant hat die Zebramama nicht gesehen. Die Schildkröte sieht im dichten Gras nach und der Löwe durchsucht die Höhlen. Ein Nashorn guckt hinter jeden Busch. Und da raschelt es plötzlich und die Zebramama kommt aus dem Gebüsch.
„Mama!", ruft das kleine Zebra. „Wo warst du denn nur?" „Ich war doch die ganze Zeit hier! Habt ihr mich nicht gesehen?" Die Tiere schütteln den Kopf. Niemand hat die Zebramama gesehen.

Mit ihren Streifen ist sie im hohen Gras und in den Büschen kaum zu entdecken. Tolle Tarnung, dieses Streifenmuster. So hat das kleine Zebra doch noch seine Mama gefunden. Alle Tiere freuen sich und das kleine Zebra hört jetzt natürlich auf zu weinen.

Idee: Tina Scherer

Ich kann wie Martin sein

Zwei Mini-Geschichten

Alter: ab 2 Jahren

Dauer: je 15 Minuten

Die Geschichte von Sankt Martin kennen die Kinder bestimmt schon. Helfen, teilen, Mitleid haben: Das ist für Kinder unter drei Jahren entwicklungsbedingt noch schwierig. Die Kinder können Sie mit diesen kleinen freundlichen Geschichten für das Thema öffnen.

Die verschwundene Mütze

Die Kinder aus der Tigergruppe gehen in den Garten. Es ist ganz kalt draußen. Alle Kinder setzen ihre Mützen auf. Nur Jonas nicht. Er kann seine Mütze nicht finden. Er ist schon ganz traurig. Vielleicht wird er draußen kalte Ohren bekommen. Das tut immer so weh.
Da kommt Lena und hilft ihm, seine Mütze zu suchen. Bald haben sie die Mütze gefunden. Jonas strahlt und setzt sie glücklich auf.

GESPRÄCHSIMPULSE:

- Was machen die Kinder aus der Tigergruppe heute?
- Was kann Jonas nicht finden?
- Warum ist Jonas traurig?
- Wer hilft Jonas?
- Was brauchst du, wenn du nach draußen gehst und es kalt ist?
- Kannst du dich schon selbst anziehen?
- Bist du froh, wenn dir jemand beim Anziehen hilft?
- Möchtest du auch eine Freundin wie Lena haben?

Das vergessene Pausenbrot

Janas Eltern haben heute die Tasche mit Janas Pausenbrot vergessen. Jana hat großen Hunger. Alle Kinder packen ihr Essen aus, nur Jana sitzt einfach dabei. Aber ihre Freundin Sophia teilt mit ihr ihr Pausenbrot. Das ist nett von Sophia. Jetzt sind beide Kinder satt. Und Sophias Mama wundert sich, dass Sophia endlich einmal ihr ganzes Brot aufgegessen hat.

GESPRÄCHSIMPULSE:

- Hast du auch schon einmal etwas vergessen?
- Hast du schon einmal mit jemandem geteilt?
- Was haben Janas Eltern vergessen?
- Wie fühlt sich Jana?
- Was macht ihre Freundin Sophia?
- Wie geht es Jana jetzt?

Idee: Michaela Lambrecht

Als die Vögel hungrig waren

Vorlesegeschichte

Alter: ab 1 Jahr

Dauer: 10 Minuten

Es war einmal eine ganz kleine Meise, die gerade erst ein Jahr alt war. Ihr Name war Karli. Karli konnte zwar schon fliegen, das hatte er im Sommer und im Herbst gelernt. Aber es war für Karli schwierig, genug Futter zu finden.

Falls er doch einmal etwas fand, pickten es ihm größere Meisen oder andere Vögel einfach weg. „Mir ist ganz furchtbar kalt", jammerte Karli. „Und ich hab so einen schrecklich großen Hunger!"

Karlis Freund war schon etwas älter. Kimmi hatte bereits einen ganzen Winter erlebt. „Komm mal mit, Karli! Ich kenne einen Kindergarten, da gibt es ein Futterhäuschen. Wenn wir vorsichtig sind, können wir vielleicht etwas zu futtern finden." Und damit flogen die beiden Meisen zur Kita *(den Namen Ihrer Kita einfügen)*. Und wirklich: Dort stand ein Futterhäuschen im Garten.

Im Futterhäuschen saß eine dicke Amsel, die keinen anderen Vogel hineinließ. Aber unter dem Häuschen ... da hing eine große, leckere Meisenkugel. Darin waren Samen und Nüsse und Fett. Diese Kugel hatten die Kinder im Kindergarten selbst gemacht und dann draußen aufgehängt.

Und dann flogen Karli und Kimmi zur Kugel, hielten sich mit den Füßen fest und ließen sich die leckerste Meisen-Mahlzeit schmecken, die sie je gegessen hatten.

Was Karli und Kimmi gar nicht bemerkten? Dass die Kinder aus der *(den Namen der Gruppe einfügen)*-Gruppe am Fenster standen und sie beobachteten.

Vogelfutter selbst gemacht

Die Kinder wollen jetzt auch ihr eigenes Vogelfutter machen und die Meisen im Garten beobachten? Kein Problem! Sie brauchen:

- 300 g Kokosfett
- Sonnenblumenöl
- 300 g Sonnenblumenkerne
- Bindfaden und Schere
- leere Joghurtbecher
- Topf, Löffel

Erhitzen Sie das Fett in einem Topf auf dem Herd, bis es flüssig ist. Wichtig ist, dass das Fett nicht kocht. Jetzt dürfen die Kinder das Sonnenblumenöl und die Sonnenblumenkerne einrühren. Einen ungefähr 30 cm langen Bindfaden in einen Joghurtbecher geben und ungefähr 20 cm oben heraushängen lassen. Die lauwarme Masse in die Becher füllen und über Nacht komplett abkühlen lassen. Jetzt werden die Joghurtbecher wieder entfernt.

Hängen Sie die Spenden so auf, dass die Kinder später die Vögel vom Fenster aus beim Picken beobachten können. Falls Sie vorher noch nie Vögel in der Kita gefüttert haben, geben Sie den Vögeln einige Tage Zeit, um das Futterangebot zu bemerken. Möchten Sie Futterhäuschen aufstellen, achten Sie darauf, dass das Futter hier feuchtigkeitsgeschützt ausgelegt werden kann.

Idee: Tina Scherer

Eichhörnchen und Igel im Herbst

Zwei Mini-Geschichten

Alter: ab 2 Jahren

Dauer: je 10 Minuten

Im Herbst kann man sie überall beobachten: fleißige Eichhörnchen auf der Suche nach Nüssen für den Wintervorrat. Mit diesen beiden Mini-Geschichten laden Sie das Eichhörnchen und seinen Freund, den Igel, auch in Ihren Morgenkreis ein.

Das kleine Eichhörnchen und das Unwetter

Das kleine Eichhörnchen sammelt heute Nüsse. Unter dem Haselstrauch hat es eine schöne Haselnuss gefunden. „Juhuuu!", freut sich das kleine Eichhörnchen. Schnell will es die Nuss nach Hause bringen. Das Eichhörnchen wohnt in einem Kobel. So heißen die Nester, die sich die Eichhörnchen hoch oben in den Bäumen bauen. Dort ist es warm und gemütlich.

Das Eichhörnchen will gerade unter dem Haselstrauch hervorkommen, da gibt es einen fürchterlichen Lärm: „Kawummmm!", macht es. Das Eichhörnchen erschrickt. Ein grelles Licht folgt dem Lärm. Dann beginnt es zu stürmen und zu regnen. Hier unter dem Haselbusch ist der Regen nicht so schlimm, aber das Eichhörnchen hat Angst. „Kawumbummbumm!", macht es draußen vor dem Strauch.

„Du brauchst keine Angst zu haben", hört das Eichhörnchen da eine freundliche Stimme. Ein Igel kommt unter dem Laub hervor und streckt dem Eichhörnchen einladend die Pfote hin. „Das ist nur ein Gewitter", erklärt der Igel. „Der Krach kommt vom Donner und das grelle Licht nennt man Blitz." „Das hab ich noch nie erlebt!" Das Eichhörnchen zittert vor Angst. „Komm, setz dich zu mir", sagt der Igel. „Hier ist es trocken und gemeinsam warten wir, bis das Gewitter wieder aufhört." „Danke", sagt das Eichhörnchen und kuschelt sich ins Laub neben den Igel.

Da geht es dem Eichhörnchen gleich besser. Gemeinsam warten die beiden, bis der Donner leiser wird und schließlich ganz verschwindet. Und dann hört es auf zu regnen und auch der Sturm und die Blitze verziehen sich. Das Eichhörnchen bringt seine Nuss in sein Nest, aber den Igel unter dem Haselstrauch wird es bestimmt noch oft besuchen.

Das kleine Eichhörnchen und der Winter

Das kleine Eichhörnchen sammelt heute wieder Nüsse. Aber nicht nur das. Heute hat es auch Eicheln und Bucheckern gesammelt und alles in einem Versteck vergraben. Zufrieden reibt es sich die Pfoten. Das wird für den ganzen Winter reichen und vielleicht noch bis ins Frühjahr.

Unter dem Haselstrauch sitzt der Igel. „Hallo, Igel, hoffentlich geht's dir gut!", grüßt das Eichhörnchen den Igel, denn inzwischen sind sie schon richtig dicke Freunde. „Na ja", sagt der Igel. „Es ist ziemlich kalt, oder?" Das stimmt. Jetzt, wo das Eichhörnchen still sitzt, merkt es selbst: Die Luft ist eisig, der Wind tut richtig an den Ohren weh. So ist das, wenn es Winter wird. „Bald", sagt der Igel, „wird es schneien. Und darum muss ich jetzt bald Winterschlaf halten."

„Na gut", sagt das Eichhörnchen, „dann sehen wir uns morgen wieder. Schlaf schön, Igel!" „Na, jetzt doch noch nicht", sagt der Igel. „Ich schlafe erst, wenn es noch kälter wird, und dann schlafe ich den gesamten Winter über. Ich wache erst im Frühling wieder auf." „So lange?" Das Eichhörnchen kann sich gar nicht genug wundern.

„So lange schläfst du? Ich schlafe nur mal nachts und manchmal mache ich ein Mittagsschläfchen." „Du machst ja auch keinen Winterschlaf", erklärt der Igel. „Komm, lass uns was zusammen essen, dann kann ich dir noch mehr erzählen." So machen es die beiden. Der Igel frisst ein paar saftige Schnecken, das Eichhörnchen knabbert an einer Haselnuss. Und dabei erzählt der Igel dem Eichhörnchen vom Winterschlaf und von der Winterruhe.

Idee: Tina Scherer

Die Waldmaus und der Apfelbaum

Vorlesegeschichte

Alter: ab 2 Jahren

Dauer: 10 Minuten

Es war bitterkalt und ein eisiger Wind fegte über die Wiese. Friedel, die kleine Waldmaus, zitterte vor Kälte. Und außerdem hatte sie Hunger. „Huhuuu, Apfelbaum“, rief sie am Apfelbaum hinauf. „Hast du nicht einen schönen, großen, roten Apfel für mich? Ich hab solchen Hunger!“

Der Apfelbaum schüttelte seine kahlen Äste. „Siehst du nicht, dass ich schlafe? Ich hab ja noch nicht mal Blätter! Jetzt im Winter hab ich keine Äpfel, da musst du bis zum Herbst warten.“ Niedergeschlagen trippelte die Waldmaus davon. Gut nur, dass die Wiese zu einem Garten mit Haus gehörte, in dem ein netter kleiner Junge wohnte.

Der kleine Junge verlor manchmal, wenn er im Garten spielte, ein Stück von seinem Brot oder ein Stück Brezel oder er ließ seine Apfelschnitze herumliegen. Die stibitzte die kleine Waldmaus. Aber der Winter war noch lang und kalt und der Junge spielte jetzt meistens drinnen.

Im Frühling bekam der Apfelbaum rosafarbene Blüten. „Haaalloo, Apfelbaum! Kann ich jetzt einen schönen, großen, roten Apfel haben?“, rief die kleine Maus Friedel am Baum herauf. „Jetzt doch noch nicht“, antwortete der Baum ungeduldig. „Es ist gerade mal Frühling. Ich habe doch erst Blüten, aus denen muss erst mal ein winziges Apfelfrüchtchen werden.“ Die kleine Maus trottete enttäuscht davon.

Bald wurde es Sommer. Es wurde sehr heiß und der Junge spielte jetzt oft im Garten. Aber die kleine Maus träumte immer noch von ihrem schönen, großen, roten Apfel. „Huhuuu, Apfelbaum“, rief sie am Baum hinauf. „Was ist denn jetzt mit meinem Apfel? Könnte ich jetzt endlich bitte einen Apfel bekommen?“

Der Apfelbaum rauschte mit seinen Zweigen, an denen jetzt grüne Blätter und ganz kleine, grüne Äpfelchen hingen. „Guck doch mal selbst, Friedel, diese Äpfelchen sind noch viel zu klein und schmecken ganz bitter und sauer. Ich hab es dir doch schon erklärt: Du musst warten, bis es Herbst ist!" Und wieder einmal schlich die kleine Maus traurig davon.

Doch langsam wurde es wieder kühler. Die Blätter der Bäume begannen sich zu verfärben. Ob das der Herbst war? Die Äpfel am Apfelbaum sahen jetzt ziemlich groß und rund aus und manche waren auch schon rot.

„Hallohooo", rief die kleine Maus den Apfelbaum hinauf. „Hallo, kleine Maus", antwortete der Apfelbaum. „Jetzt ist Herbst und meine Äpfel sind reif. Und jetzt kannst du auch einen davon bekommen. Warte mal!" Und damit schüttelte der Apfelbaum einen Zweig und – plopp! – fiel ein schöner, großer, roter Apfel auf die Wiese.

Da lag er! Die Maus konnte es nicht fassen. „Danke! Vielen, vielen Dank!", bedankte sie sich beim Apfelbaum. Und was glaubt ihr, was dann geschah? Genau, die Maus ließ sich ihren Apfel so richtig schmecken. Der Apfel war süß und saftig – und klein, wie die Maus nun einmal war, konnte sie eine ganze Woche daran knabbern. Manchmal, das wusste die Maus Friedel nun, muss man eben auch mal warten können.

Idee: Tina Scherer

Der kleine Igel Stachelpelz

Vorlese- und Massagegeschichte

Alter: ab 3 Jahren

Dauer: 30 Minuten

Material: Igelbälle, Holzkugeln, Matten

Der kleine Igel Stachelpelz spielt am liebsten auf der großen Blumenwiese zwischen dem Waldrand und der nahen Straße. Sein Papa hat ihm beigebracht, sich bei Gefahr klitzeklein einzurollen.
Den Igelball auf dem Rücken des Kindes rollen.

Das findet Stachelpelz super. Es macht ihm riesige Freude, sich so oft es geht klitzeklein einzurollen. Deshalb steigt er mit seinen Freunden auf den kleinen Hügel am Waldrand, rollt sich ein und streckt dabei seine Stacheln nach allen Seiten aus.
Mit den Fingern auf dem Rücken des Kindes „wandern".

Wie der Blitz rollt Stachelpelz als kleine Igelkugel den Hang hinunter und kichert.
Den Igelball schnell über den Kinderrücken, die Beine entlang bis zu den Füßen rollen.

Sogar, wenn seine Igelfreunde nicht bei ihm sind, spielt Stachelpelz dieses lustige Spielchen. Er steigt auf den Hügel, stellt sich direkt an den Abhang, rollt sich zusammen, stößt sich ab und schon geht die wilde Fahrt los.
Bewegungen von oben wiederholen.

Als er an diesem sonnigen Tag wieder einmal auf dem Weg zu seinem Hügel ist, entdeckt er die lustige Schnecke Schleimi. Schleimi fragt: „Was machst du denn da?"
Igelball und Holzkugel auf dem Kinderrücken hin und her bewegen.

Stachelpelz grinst. „Willst du mitkommen?" Schleimi sieht ihn nur kurz an: „Zuerst muss ich wissen, was du da tust."

Stachelpelz richtet sich ein wenig auf. „Ist doch ganz einfach. Ich steige auf meinen Hügel …
Mit den Fingern auf dem Rücken des Kindes „wandern".

… und rolle mich ein, sodass meine Stacheln nach allen Seiten abstehen. Siehst du, so." Stachelpelz rollt sich in Windeseile ein …
Den Igelball auf dem Rücken des Kindes rollen.

„Und sause dann wie eine Kugel den Berg … hinunter."
Den Igelball schnell über den Rücken, die Beine entlang bis zu den Füßen rollen.

Schleimi rutscht ein wenig zurück und hinterlässt dabei eine glänzende Spur. „Ja, aber ich kann mich doch nicht wie ein Ball zusammenrollen." Doch Stachelpelz winkt ab. „Wenn du dich in dein Haus zurückziehst und ich dich anstoße, kannst du rollen wie ein Rad."
Mit der Holzkugel über den Rücken des Kindes rollen.

„Na gut, ich komme mit", erwidert Schleimi, doch so richtig sicher fühlt sie sich nicht bei der Sache. Vorsichtig steigt sie auf den Rücken von Stachelpelz und der Igel beeilt sich, so schnell wie möglich den Berg hinaufzusteigen.
Mit den Fingern auf dem Rücken des Kindes „wandern".

Oben angekommen rutscht Schleimi wieder vom Igel herunter und zieht sich so weit wie möglich in ihr Haus zurück. Vorsichtig schiebt Stachelpelz die Schnecke zum Abhang. „Achtung! Es geht los!", ruft er und schubst das Schneckenhaus an.
Holzkugel und Igelball berühren sich auf dem Rücken des Kindes, die Holzkugel rollt schnell über den Rücken, die Beine entlang bis zu den Füßen.

Direkt danach rollt er sich selbst ein, stößt sich ab und folgt seiner schleimigen Freundin ins Tal.
Den Igelball schnell über den Rücken, die Beine entlang bis zu den Füßen rollen.

„Das ist ja lustig!", ruft Schleimi begeistert, als sie unten wieder aus ihrem Schneckenhaus kommt. Auch Stachelpelz entrollt sich wieder, grinst seine Schneckenfreundin an und sagt: „Dann gehen wir gleich wieder nach oben."
Igelball und Holzkugel von den Füßen bis zum Kopf des Kindes rollen.

UND SO GEHT'S:
Zu der Geschichte vom Igel Stachelpelz können sich immer zwei Kinder gegenseitig massieren. Je nach Alter der Kinder bietet es sich dann an, die Geschichte etwas zu kürzen. Die Massage eignet sich aber auch gut für den Einzelkontakt oder Sie lesen die Geschichte einfach nur vor.

Idee: Marion Bischoff

Taps, der Bär

Geschichte zum Weitererzählen

Alter: ab 2 Jahren

Dauer: 10 Minuten

Es war einmal ein kleiner Bär namens Taps. Gemeinsam mit all den anderen Kuscheltieren wartete er in einem Regal im Spielzeugladen auf ein Kind. Da gab es noch mehr Bären, Einhörner, Mäuse, Katzen, Hunde, Püppchen und Löwen.

Eines Tages kam ein kleiner Junge namens Max mit seinen Eltern in den Spielzeugmarkt. Sofort reckten sich die Kuscheltiere in die Höhe und riefen: „Hallo, hier bin ich! Kauf mich und nimm mich mit nach Hause!"

Ein größerer Bär drängte Taps ganz nach hinten ins Regal. Der kleine Junge machte vor den Bären halt und Taps war sehr aufgeregt. Aber dann wurde der große Bär aus dem Regal genommen und Taps wurde traurig. Wieder wollte ihn niemand kaufen.

Da fühlte er, wie er in die Hand genommen wurde. „Ist das ein schöner Bär", bewunderte Max ihn. „Mama, kann ich diesen Bären haben? Ich glaube, er heißt Taps." Und so wurde Taps doch noch gekauft. Und seither wohnt er bei Max zu Hause. Was er dort so alles anstellt und am liebsten tut? Was glaubt ihr denn?

Gesprächsimpulse für eine Kuscheltiergeschichte

Jedes Kind hat sein Lieblingskuscheltier. Das Kuscheltier begleitet die Kinder auf große und kleine Abenteuer, es tröstet, hilft beim Einschlafen, hört zu und beschützt. Jedes Kuscheltier hat also auch seine individuelle Geschichte zu erzählen. Wie könnte die Geschichte von Taps weitergehen? Sammeln Sie in einem Gespräch die Abenteuer der Kuscheltiere Ihrer Kinder, zum Beispiel mit diesen Fragen:

- Wie heißt dein Kuscheltier?
- Wie alt ist es schon?
- Wie ist es zu dir gekommen?
- Was kann es ganz gut?
- Wann hilft dir dein Kuscheltier?
- Was macht es am liebsten?
- Was isst und trinkt es gerne?
- Was spielt ihr am liebsten zusammen?
- Was magst du am meisten an deinem Kuscheltier?

Mit diesen Informationen können Sie die Geschichte von Taps und allen anderen Kuscheltieren weiterführen und immer wieder neu erfinden.

Idee: Heike König

Eisbärgeschichten

Erzählen mit dem Geschichtensäckchen

Alter: ab 1,5 Jahren

Dauer: 10 Minuten

Material: 1 Säckchen, blauer Filz, weißer Filz, Watte, Eisbärfigur, 3 bis 4 Fischfiguren

ICH ERZÄHL DIR WAS!

Eine Geschichte zu erfinden – das ist auch für Erwachsene gar nicht einfach. Ein Säckchen mit kleinen Spielzeugen regt die Fantasie an. Außerdem können sich die Kinder damit besser auf die Geschichte konzentrieren.

Legen Sie den blauen Filz, den weißen Filz, den Eisbären, die kleinen Fische und die Watte in ein Säckchen. Zeigen Sie den Kindern das Säckchen und lassen Sie sie das Säckchen befühlen. Öffnen Sie es gemeinsam mit den Kindern.

Legen Sie zuerst den blauen Filz aus. Erzählen Sie den Kindern, dass das das Meer ist und auf dem Meer eine Eisscholle schwimmt. Jetzt legen Sie die Eisscholle auf den blauen Filz. Stellen Sie den Eisbären auf die Eisscholle. Fragen Sie die Kinder, wie das Tier heißt.

Legen Sie die Fische verteilt ins Meer. Wenn der Eisbär Hunger hat, springt er ins Meer und sucht sich Fische. Die mag er besonders gerne. Jetzt springt auch Ihr Eisbär ins Meer und holt sich nach und nach die Fische aus dem Wasser.

Wenn der Eisbär müde wird, schiebt er den Schnee zu einem großen Schneehügel zusammen. Legen Sie aus Watte einen Schneehügel auf die Eisscholle. Der Schneehügel schützt den Eisbären vor dem kalten Wind. Er legt sich dahinter und kann gut schlafen.

Jetzt dürfen die Kinder das Säckchen wieder ein- und noch einmal ausräumen und dabei die Geschichte selbst erzählen – in ähnlicher oder in ganz neuer Form.

Idee:Britta Bartoldus